ediciones**carena**

MAICA DUAIGÜES

CONVERSES

A DESTEMPS

·

CONVERSACIONES

A DESTIEMPO

Primera edició: febrer de 2024

© Maica Duaigües, 2024
© Ediciones Carena, 2024
© Del epílogo, José Membrive, 2024

Ediciones Carena
c/Alpens, 31-33
08014 Barcelona
T. 934 310 283
info@edicionescarena.com
WWW.EDICIONESCARENA.COM

Disseny de coberta: Natàlia Caro
Fotografia de solapa: Vanesa Rubio
Fotografia de coberta: Jordi Nin Palau
Maquetació: Cristina Carril
Correcció del català: Rubén Cruz

Supervisió: Jesús Martínez
WWW.REPORTEROJESUS.COM

Dipòsit legal: B 4221-2024

ISBN 978-84-19890-42-9

A vosaltres.
A vosotros.

A mig matí, a mig vespre,
trauré a passejar el meu cor pel carrer.
Ell m'estira i tiba la corretja
i jo el crido:
Cor meu, gos meu, cor meu.

Iehuda Amikhai

POEMES

POEMAS

UN LUGAR EN TU CORAZÓN

No quedó ni una sola palabra
que ilustrase la historia,
ni bienvenidas ni adioses.
Un libro en blanco sin principio ni final.
El viento lo borró todo,
como borra las huellas
en la arena.

Pero en el lugar
más resistente del corazón
hay grabado un pictograma
que todo lo explica.

UN LLOC EN EL TEU COR

No hi va restar cap mot
que il·lustrés la història,
ni benvingudes ni adeus.
Un llibre en blanc sense principi ni final.
El vent ho va esborrar tot,
com esborra les petjades
a la sorra.

Però en el lloc
més resistent del cor
hi ha gravat un pictograma
que tot ho explica.

LA PUERTA

Dejé
que la puerta se cerrase,
y seguí viviendo
al otro lado de la vida,
como si nada.

A veces salía a caminar
o miraba por la ventana, y te veía,
o creía verte.

He reído, he comido, he dormido,
mal, y siempre,
siempre he pensado:
¿por qué dejé
que se cerrase la puerta?

LA PORTA

Vaig deixar
que la porta es tanqués,
i vaig continuar vivint
a l'altra banda de la vida,
com si res.

A vegades sortia a donar un volt
o mirava per la finestra, i et veia,
o creia que et veia.

He rigut, he menjat, he dormit,
malament, i sempre,
sempre he pensat:
per què vaig deixar
que la porta es tanqués?

YO TAMBIÉN HE LLORADO

Quizá no sabes, no te imaginas
que bajo mi máscara de pierrot
caían las lágrimas.

No sé si podías adivinar
mi combate interno,
jamás declarado,
que me ha convertido
en un muerto en vida.

JO TAMBÉ HE PLORAT

Potser no saps, no t'imagines
que sota la meva màscara de pierrot
queien les llàgrimes.

No sé si podies endevinar
el meu combat intern,
mai declarat,
que m'ha dut a ser
un mort en vida.

¿CÓMO TE LO EXPLICARÍA?

Lo que quieras saber de mí,
pregúntamelo,
te diré que soy
un destrozo humano,
un desecho.
Cuando muera, ¿sabes?,
ya habré muerto.

Hace tiempo que morí.

COM T'HO EXPLICARIA?

Allò que vulguis saber de mi,
pots preguntar-m'ho,
et diré que soc
una destrossa humana,
una desfeta.
Quan mori, saps?,
ja hauré mort.

Fa temps que vaig morir.

MEMORIA DEL BARRO

Tal vez sí.
Tal vez es el momento
de remover la tierra
en la que enterramos
tantos sentimientos
que han florecido en dolor.

Quizá es el momento
de esperar el fruto.

MEMÒRIA DEL FANG

Potser sí.
Potser és el moment
de remoure la terra
en la qual vam enterrar
tants sentiments
que han florit en dolor.

Tal vegada és el moment
d'esperar el fruit.

MASTICO LA INJUSTICIA

Obligaciones, justifiqué.
Obligaciones, me repetí
tres veces.
Y lo volví a decir
treinta y tres veces
en la consulta del doctor.

No pudo curarme del vómito
que me subía a la boca
a cada cucharada de mi plato,
pues no le dije
la composición.
Aun así, prescribió:
Hacer dieta.

MASTEGO LA INJUSTÍCIA

Obligacions, vaig justificar.
Obligacions, vaig repetir-me
tres vegades,
i ho vaig tornar a dir
trenta-tres cops
a la consulta del doctor.

No em va poder guarir del vòmit
que me'n pujava a la boca
a cada cullerada del meu plat,
ja que no li'n vaig dir
la composició.
Tot i això, va prescriure:
Fer dieta.

TRANSFUSIÓN

Como un donante de sangre anónimo,
me vuelco a ti, con el deseo
de que tu vida
fluya mejor que la mía.

TRANSFUSIÓ

Com un donant de sang anònim,
m'aboco a tu, amb el desig
que la teva vida
flueixi millor que la meva.

LA VIDA ES UN CONTINUO
DE PRIMAVERAS

Cada primavera
guarda su misterio,
como cada ser humano,
y, si cuando digo «amo»
no entiendes el sentido, es debido
a que el misterio
siempre es personal.

Hoy me envuelve
una secreta alegría
porque el renacido abril
me trae acordes tuyos.

LA VIDA ÉS UN SEGUIT DE PRIMAVERES

Cada primavera
guarda el seu misteri,
com cada ésser humà,
i, si quan dic «estimo»
no entens el sentit, és degut
a que el misteri
sempre és personal.

Avui m'envolta
una secreta alegria
perquè l'abril novell
em du ressons de tu.

PASEOS PITAGÓRICOS

Necesitamos filosofía, para entender
el error y el acierto,
el bien y el mal,
el amor y el desamor, para saber
que el desamor no existe.

Donde hubo amor
queda una brizna
y, si no está, significa
que nunca fue amor.
Aunque también es cierto que
al amor se le puede asesinar.

Pero jamás queda impune.
Lo sé muy bien.

PASSEJADES PITAGÒRIQUES

Ens cal filosofia, per entendre
l'error i l'encert,
el bé i el mal,
l'amor i el desamor, per saber
que el desamor no existeix.

Allà on hi havia amor,
en resta un bri
i, si no hi és, vol dir
que mai no va ser amor.
Tot i això, també és cert que,
a l'amor, se'l pot assassinar.

Però mai queda impune.
Ho sé molt bé.

LECCIÓN FUERA DE TIEMPO

Nunca es tarde para aprender, y,
aunque no te agrade,
te daré esta única lección.

Hemos de saber vivir en soledad.
¿Sabes?, mi vida
no es más que soledad.

Este avión que acabas de ver pasar,
en el cielo inmenso, vacío en el vacío

soy yo.

LLIÇÓ FORA DE TEMPS

Mai no és tard per aprendre, i,
encara que no t'agradi,
et donaré aquesta única lliçó.

Hem de saber viure en solitud.
Saps?, la meva vida
no és més que solitud.

Aquest avió que acabes de veure passar,
en el cel immens, buit en el buit

soc jo.

HAY UN ECO

El tiempo
no apagará las voces;
las escuchas tú,
las oigo yo.

Este dolor
y estas lágrimas
son el eco de las voces
que no olvidaremos
nunca.

HI HA UN ECO

El temps
no apagarà les veus;
les escoltes tu,
les sento jo.

Aquest dolor
i aquestes llàgrimes
són l'eco de les veus
que no oblidarem
mai.

VIVIR HACIA AFUERA

El tiempo, dentro, es inmenso y vacío,
el tiempo, fuera, es breve y lleno de cosas
que no hay tiempo de hacer
ni valorar.

Yo viví hacia afuera
mucho tiempo,
y nada de lo que hice estaba bien hecho.

Ahora vivo en la inmensidad
de mi fondo interior,
y caigo, y caigo en un vacío
que nunca alcanza
el fondo del tiempo.

VIURE CAP ENFORA

El temps, a dins, és immens i buit,
el temps, a fora, és breu i ple de coses
que no hi ha temps de fer
ni valorar.

Jo vaig viure cap enfora
molt de temps,
i res del que vaig fer no era ben fet.

Ara visc en la immensitat
del meu fons interior,
i caic, i caic en un buit
que mai no arriba
al fons del temps.

SILENCIO

Callé,
no mentí,
si el silencio es pecado
soy culpable.

Entregué una valiosa moneda
por mi propio silencio,
y el cambio que obtuve fue
infelicidad.

SILENCI

Vaig callar,
no vaig mentir,
si el silenci és pecat,
soc culpable.

Vaig donar una valuosa moneda
pel meu propi silenci,
i el canvi que vaig rebre va ser
infelicitat.

TRANSPARENCIA

Me gustaría
que recordases
lo mejor de mí,
pero tal vez lo mejor
no es más que la tristeza,
la fatiga de un corazón cansado
y un espíritu envejecido.

Y una voz ya ronca
para pedir perdón.

No tengo nada más.

TRANSPARÈNCIA

M'agradaria
que recordessis
el millor de mi,
però potser el millor
no és més que la tristesa,
la fatiga d'un cor cansat
i un esperit envellit.

I una veu ja ronca
per demanar perdó.

No tinc res més.

ESTE PAISAJE

Julio, mes del amor,
el mar y el sol
se aferran a mi corazón,
a los huesos, a la piel.

La luna de julio
me trae una canción
que nunca olvidaré.

AQUEST PAISATGE

Juliol, mes de l'amor,
el mar i el sol
s'arrapen al meu cor,
als ossos, a la pell.

La lluna de juliol
m'apropa una cançó
que mai no oblidaré.

NADA PARA DECLARAR

Me devuelven el pasaporte,
puedo seguir el viaje,
no llevo nada
que sea prohibido
o peligroso.

Lo que me inquieta,
lo que no ha detectado el escáner,
el arma asesina,
reposa en el fondo de mi corazón
y apunta a mi vivir.

RES A DECLARAR

Em tornen el passaport,
puc seguir el viatge,
no duc res
que sigui prohibit
o perillós.

El que m'inquieta,
el que no ha detectat l'escàner,
l'arma assassina,
reposa endins del meu cor
i apunta al meu viure.

RELOJ PARADO

Un día
dejé
de darle cuerda.

Ya no era necesario.

RELLOTGE ATURAT

Un dia
vaig deixar
de donar-li corda.

Ja no calia.

VISTO PARA SENTENCIA

El vuelo
aún tardará en salir
y el tiempo se me hace largo,
el libro no me distrae
porque me preocupa
un pensamiento,
¿quién me estará esperando
a la llegada?
No traigo ningún obsequio de desagravio,
y en los bolsillos, solo
facturas, deudas
del tiempo malgastado.

¿Quién me ajustará las cuentas?
¿Qué tribunal dictará la sentencia?

VIST PER A SENTÈNCIA

El vol
encara trigarà a sortir
i el temps se'm fa llarg,
el llibre no em distreu
perquè em preocupa
un pensament,
qui m'estarà esperant
a l'arribada?
No duc cap obsequi de desgreuge,
i a les butxaques, només
factures, deutes
del temps malgastat.

Qui m'ajustarà els comptes?
Quin tribunal en dictarà la sentència?

EDUCACIÓN

No quiero justificarme, pero…
me educaron así,
¿qué puedo deciros?

Los padres, la escuela,
la vida, me hicieron ser
más prudente de lo necesario,
más osado de lo necesario.

Y con eso quiero decir hipócrita.
Lo confieso.

EDUCACIÓ

No vull justificar-me, però…
van educar-me així,
què us haig de dir?

Els pares, l'escola,
la vida, m'han fet
més prudent que no calia,
més agosarat que no calia.

I amb això vull dir hipòcrita.
Ho confesso.

DIOS

Todo está en sus manos;
el perdón, el amor y la justicia.

¿Qué hay tras el azul
inescrutable?
Una inmensa pregunta.

DÉU

Tot és a les seves mans;
el perdó, l'amor i la justícia.

Què hi ha darrere el blau
inescrutable?
Una immensa pregunta.

FINAL

Tengo los recuerdos
por compañía,
pero algunos… ¡duelen tanto!,
y no descanso,
mi garganta se reseca,
pido agua.

La rama está a punto
de ceder.

FINAL

Tinc els records
per fer-me companyia,
però alguns... fan tant de mal!,
i no descanso,
la gola se'm resseca,
demano aigua.

La branca és a punt
de trencar-se.

PASOS HACIA DELANTE,
PASOS ATRÁS

Camino
vacilante,
no lo creerías,
o tal vez sí,
que la fachada
no significa nada
y sabes,
bien sabes,
de mi cobardía.

Camino vacilante
hacia el final,
aferrado a una maleta
llena de despojos.

Mi verdadero patrimonio.

PASSES ENDAVANT,
PASSES ENRERE

Camino
vacil·lant,
no t'ho creuries,
o potser sí,
que la façana
no vol dir res
i saps,
tu saps molt bé
la meva covardia.

Camino vacil·lant
cap al final,
aferrat a una maleta
plena de deixalles.

El meu veritable patrimoni.

NO SÉ QUÉ DÍA ES

Es de noche,
ignoro de qué día,
da lo mismo,
no hay luna,
noto una sombra
que me roe el alma,
cada vez está más
dentro de mí.
Cada atardecer estoy más lejos…

NO SÉ QUIN DIA ÉS

És la nit
no sé de quin dia,
tant se val,
no hi ha lluna,
sento que una ombra
em rosega l'ànima,
cada cop és més
a dins de mi.
Cada vespre soc més lluny…

GUERRAS

Ahora que me voy
aún estalla otra guerra,
como tantas que he vivido,
y que he visto, impasible.

Me gustaría llevarme,
escondidos en los bolsillos,
todos los odios, y yo, que jamás
hice nada bueno, ni nada malo,
ahora tomaría partido, saboteando el mal.

Si ahora pudiese intercambiar
todas las guerras
por una paz eterna,
iniciaría un luminoso
álbum de recuerdos.

Lo sé… es tarde.

GUERRES

Ara que me'n vaig,
esclata una altra guerra,
com tantes que he viscut,
i que he vist, impassible.

M'agradaria endur-me,
amagats a les butxaques,
tots els odis, i jo, que mai
no he fet res de bo, ni res de dolent,
ara prendria partit, sabotejant el mal.

Si ara pogués bescanviar
totes les guerres
per una pau eterna,
començaria un lluminós
àlbum de records.

Ja ho sé... és tard.

CAMINO

Era precisa una vida,
dos vidas,
tres vidas,
para hacer el camino,
y era preciso
cerrar el triángulo
de la conciencia.

CAMÍ

Calia una vida,
dues vides,
tres vides,
per fer camí,
i calia
tancar el triangle
de la consciència.

¿CUÁNTAS LÁGRIMAS
HAS DERRAMADO?

¿Cuántas botellas
podrías llenar
con tus lágrimas?
¿De qué años sería la cosecha?
¿Cuántos insomnios,
cuántos desvelos las etiquetarían?
¿Cuántos centímetros
cúbicos mide
tu desesperación?

QUANTES LLÀGRIMES HAS VESAT?

Quantes ampolles
podries omplir
amb les teves llàgrimes?
De quins anys seria la collita?
Quants insomnis,
quantes vetlles les etiquetarien?
Quants centímetres
cúbics mesura
la teva desesperació?

AROMES DEL MONTSERRAT

El licor puede ser
una solución
para apaciguar
un dolor.
Morder un pañuelo
para silenciar un grito.
Esperar la muerte
para poder abrir los ojos.

AROMES DEL MONTSERRAT

El licor pot ser
una solució
per apaivagar
un dolor.
Mossegar un mocador,
per silenciar un crit.
Esperar la mort,
per a poder obrir els ulls.

YA PUEDES HABLAR

Ahora, ya puedes hablarme,
ahora ya puedes
hacerte el encontradizo,
ahora que sabes
cuánto te necesito.

JA POTS PARLAR

Ara, ja pots parlar-me,
ara ja pots
mirar de cercar-me,
ara que saps
quant et necessito.

EN EL CAMINO

Sé que, igualmente,
coincidiremos
en el camino y hablaremos,
pero te lo escribo con tiempo,
para que hagas
alguna cosa,
para que fuerces
el encuentro.

EN EL CAMÍ

Sé que, igualment,
coincidirem
en el camí i parlarem,
però t'ho escric amb temps,
perquè facis
alguna cosa,
perquè forcis
la trobada.

TE ESCUCHARÉ

Dime la verdad,
toda la verdad,
tu verdad.

Mi verdad es
tan sencilla,
ya la sabes,
no necesita explicaciones.
Únicamente tiene un nombre,
y lo conoces.

T'ESCOLTARÉ

Digues-me la veritat,
tota la veritat,
la teva veritat.

La meva veritat és
tan senzilla,
ja la saps,
no necessita aclariments.
Només té un nom,
i el coneixes.

ACASO PIDO DEMASIADO

Tal vez no tengo derecho
a pedirte ni esperar
nada.

Tal vez no tengo derecho
a esperar nada
de nadie.

Solo tengo derecho
a caminar
hacia adelante
cabizbajo
y en silencio.

POTSER DEMANO MASSA

Potser no tinc dret
a demanar-te ni esperar
res.

Potser no tinc dret
a esperar res
de ningú.

Només tinc dret
a caminar
endavant
amb el cap cot
i en silenci.

LA PRÓTESIS

Si te falta un pie
pon una prótesis
que ocupe el lugar
del pie en el zapato.

Si no lo hicieses,
el zapato quedaría
vacío para siempre.
Y serías cojo.

Pero esta constituiría
la opción valiente.

LA PRÒTESI

Si et falta un peu
posa-hi una pròtesi
que ocupi el lloc
del peu en la sabata.

Si no ho fessis,
la sabata restaria
buida per sempre.
I series coix.

Però, aquesta esdevindria
l'opció valenta.

¿TE GUSTA LA POESÍA?

De tantas preguntas
sin respuesta
te dirijo esta.

El día que quieras
lo hablamos.

Únicamente así
podríamos continuar
esta conversación
imposible.

T'AGRADA LA POESIA?

De tantes preguntes
sense resposta
et faig aquesta.

El dia que vulguis
en parlem.

Només així
podríem prosseguir
aquesta conversa
impossible.

DOMICILIO PERMANENTE

Hablar ahora contigo
es fácil,
encontrarte ahora
podría ser fácil,
ahora que tu viaje
ha llegado a su fin.

Pero me cuesta seguir
el extraño laberinto
que me lleva a tu casa.

DOMICILI PERMANENT

Parlar amb tu ara
és fàcil,
trobar-te ara
podria ser fàcil,
ara que el teu viatge
ha arribat a la fi.

Però em costa de seguir
l'estrany laberint
que em du a casa teva.

CUANDO YA NO TE PIENSE

Dejaré de escribirte poemas
cuando ya no piense en ti,
cuando mis días
se llenen de otras emociones
y nuevos futuros.

Entonces cortaré
delicadamente este cordón
que me respira
y me ahoga.

QUAN JA NO ET PENSI

Et deixaré d'escriure poemes
quan ja no pensi en tu,
quan els meus dies
s'omplin d'altres emocions
i nous futurs.

Llavors tallaré
delicadament aquest cordó
que em respira
i m'ofega.

PAPELES DE COLORES

Papel fino de colores,
rojo, verde, azul,
amarillo, marrón…

¿Por qué tanta maravilla
quedó tan solo
en aquellos papeles
transparentes?

¿Por qué?

PAPERS DE COLORS

Paper fi de colors,
vermell, verd, blau,
groc, marró...

Per què, tanta meravella
només va quedar
en aquells papers
transparents?

Per què?

SOMBRA

La única vez que te mostraste
tal como eras, te vi
como una sombra.

Nunca he sabido distinguir
entre la realidad
y los sueños.

OMBRA

L'única vegada que et vas mostrar
tal com eres, et vaig veure
com una ombra.

Mai no he sabut distingir
entre la realitat
i els somnis.

¿HASTA CUÁNDO?

Pensar en ti
es llorar,
y es también
la hora de la felicidad.

Extraña felicidad.

FINS QUAN?

Pensar en tu
és plorar,
i és també
l'hora de la felicitat.

Estranya felicitat.

REÍR Y LLORAR

Llora, no te contengas,
todo el dolor que se desprende
por los ojos se torna leve.

Sonríe y háblame en un murmullo,
lo suficiente para que pueda
salir la pena,
como el río escapa a veces
de los márgenes que lo sujetan
y llora y ríe,
en un cántico de libertad.

RIURE I PLORAR

Plora, no te n'estiguis,
tot el dolor que es deixa anar
pels ulls es torna lleu.

Somriu i parla'm en un murmuri,
només el just, perquè pugui
sortir la pena,
com el riu s'escapa a voltes
dels marges que l'empresonen
i plora i riu,
en un càntic de llibertat.

AÚN NO

No, aún no,
tengo mucho por hacer,
tengo mucho para rehacer.

Debo limpiarme
los ojos y el corazón
de antiguos silencios.

Lo sé, ya es tarde.

NO ENCARA

No, encara no,
tinc molt a fer,
tinc molt a refer.

He de netejar-me
els ulls i el cor
d'antics silencis.

Ho sé, ja és tard.

EPÍLEG

EPÍLOGO

Conversaciones a destiempo

A veces el universo quiere hacer borrón y cuenta nueva y el ser humano ha de retornar a su esencia transtemporal para empezar a reconstruirse de nuevo.

No quedó ni una sola palabra /que ilustrase la historia, /ni bienvenidas ni adioses. /Un libro en blanco /sin principio ni final. /El viento lo borró todo /como borra las huellas /en la arena.

Para anunciar este cataclismo renovador, el universo escoge como portavoz al poeta que ha sabido, en su trayectoria, interpretar los signos de los tiempos.

Es el caso de Maica Duaigües que, en su último poemario, trasciende su voz poética para ejercer como canal entre el universo y el corazón de la condición humana, más allá de todas las vidas individuales, más allá de la muerte.

Dejé que la puerta /se cerrase, /y seguí viviendo /al otro lado de la vida, /como si nada.

Hace tiempo que morí.

CONVERSES A DESTEMPS

A vegades l'univers vol fer creu i ratlla i l'ésser humà ha de retornar a la seva essència trans-temporal per a començar a reconstruir-se de nou.

> No hi va restar cap mot que il·lustrés la història, ni benvingudes ni adeus. /Un llibre en blanc / sense principi ni final. El vent ho va esborrar tot, /com esborra les petjades /a la sorra.

Per a anunciar aquest cataclisme renovador, l'univers tria com a portaveu al poeta que ha sabut, en la seva trajectòria, interpretar els sig-nes dels temps.

És el cas de Maica Duaigües, que, en el seu úl-tim poemari, transcendeix la seva veu poètica per a exercir com a canal entre l'univers i el cor de la condició humana, més enllà de totes les vides individuals, més enllà de la mort.

> Vaig deixar /que la porta es tanqués, /i vaig continuar vivint /a l'altra banda de la vida, /com si res.

> Fa temps que vaig morir

Una óptica que solo se alcanza desde la silenciosa soledad.

> Hemos de saber vivir en soledad. /¿Sabes?, mi vida /no es más que soledad.

Leer estos poemas es arrojarnos al agujero negro que conduce a un nuevo parto cósmico.

> Ahora vivo en la inmensidad /de mi fondo interior, /y caigo, y caigo en un vacío /que nunca alcanza /el fondo del tiempo.

En suma, *Conversaciones a destiempo* nos catapulta a la esencia de la condición humana, para mostrarnos nuestra profunda ligazón con el cosmos.

JOSÉ MEMBRIVE
Editor

Una òptica que només s'aconsegueix des de la silenciosa solitud.

> Hem de saber viure en solitud. /Saps, la meva vida no és més que solitud.

Llegir aquests poemes és llançar-nos al forat negre que condueix a un nou part còsmic.

> Ara visc en la immensitat /del meu fons interior, /i caic, i caic en un buid /que mai no arriba /al fons del temps.

En suma, *Converses a destemps* ens catapulta a l'essència de la condició humana, per a mostrar-nos el nostre profund lligam amb el cosmos.

José Membrive
Editor

Agradecimientos

Escribir un libro es una tarea apasionante, y por eso mismo las emociones juegan un gran papel: Por una parte, la misma necesidad de escribir, por otro lado, la inseguridad, el autor se pregunta si aquello que dice tendrá algún interés para otros.

Aconsejan que, cuando terminas de escribir un libro, conviene darlo a leer a distintas personas en quienes confíes, mejor si son expertos, pero en ningún caso parciales, sino ecuánimes. Yo me he beneficiado de la amistad, y asimismo de la imparcialidad, de unos grandes poetas y escritores a quienes admiro y aprecio, y, en el curso de un año les he pasado, en algún momento, el borrador del texto. Su aprobación y observaciones me han ayudado y alentado siempre. Mi agradecimiento a:

Miquel-Lluís Muntané, primero que leyó en embrión y me dio luz verde, junto con excelentes observaciones y buenos consejos.

Helena Rotés, confirmando el interés del poemario y detectando algunos defectos que aún no había corregido.

Josep-A.Vidal, generoso corrector de inaceptables novedades que, últimamente, había añadido, sin pies ni cabeza. Gracias per reconducirme por el buen camino.

Agraïments

Escriure un llibre és una feina apassionant, i per això mateix les emocions hi juguen un gran paper: Per una part està la mateixa necessitat d'escriure, per altra banda, la inseguretat, l'autor es pregunta si el que diu tindrà algun interès per a altri.

Aconsellen que, quan acabes d'escriure un llibre, convé donar-lo a llegir a diferents persones de confiança, millor si són experts, però no pas parcials, sinó equànimes. Jo me n'he beneficiat de l'amistat, i així mateix, de la imparcialitat d'uns grans poetes i escriptors que admiro i aprecio, i, en el curs d'un any els hi he passat, en algun moment, l'esborrany del text, l'aprovació i observacions dels quals, sempre m'han encoratjat.

El meu agraïment a:

Miquel-Lluís Muntané, primer que va llegir l'embrió i em va donar llum verda, junt amb unes excel·lents observacions i bons consells.

Helena Rotés, confirmant l'interès del poemari i detectant algun defecte que jo encara no havia corregit.

Josep-A.Vidal, generós esmenador d'inacceptables novetats que, darrerament, jo havia afegit sense solta ni volta. Gràcies per redreçar-me al bon camí.

Carles Duarte lo leyó desde el móvil en el curso de un viaje, cuando ya lo tenía totalmente terminado. Su aprobación fue el empujón final para enviarlo a la editorial.

Ricard Ripoll lo leyó cuando no había marcha atrás, pues ya estaba en manos de la editorial, pero sus palabras acabaron de diluir mis últimas inseguridades.

Gracias a todo el equipo de Ediciones Carena, encabezado por el eminente y siempre moderado Jesús Martínez, todos ellos con la ilusión y vocación en la tarea que desarrollan, aportan confianza a los autores y hacen posibles muchos sueños.

Y gracias, sobre todo, a José Membrive, fundador y editor de Ediciones Carena, por su humanismo, por saber penetrar en el secreto de cada libro, y por el epílogo, tan acertado, que ha dedicado a estos poemas.

Gracias también a Jordi Nin Palau, director de Calafell Ràdio, que me ha cedido una de sus magníficas fotografías de profesional, para que el lector acceda al poemario a través del portal más adecuado a su interior.

Estas generosas aportaciones constituyen pera mí el valor más importante del libro.

Pero todavía no he terminado, aún me falta el elemento imprescindible: vuestra lectura. Si estáis en ella, ¡gracias!

Carles Duarte, el va llegir des del mòbil en el curs d'un viatge, quan ja el tenia totalment acabat, la seva aprovació em va donar l'empenta final per enviar-ho a l'editor.

Ricard Ripoll el va llegir quan ja no hi havia marxa enrere perquè estava en mans de l'editorial, però, les seves paraules van escampar les meves últimes incerteses.

Gràcies a tot l'equip d'Ediciones Carena, encapçalat per l'eminent i sempre moderat Jesús Martínez; tots ells, amb la il·lusió i vocació en la tasca que desenvolupen, donen confiança als autors i fan possibles molts somnis.

I gràcies, sobretot, a José Membrive, fundador i editor d'Ediciones Carena, pel seu

humanisme, per saber penetrar en el secret de cada llibre, i per l'epíleg, tan encertat, que ha dedicat a aquests poemes.

Gràcies també a Jordi Nin Palau, director de Calafell Ràdio, que m'ha cedit, una de les seves magnífiques fotografies de professional, perquè el lector accedeixi al poemari a través del portal més adient amb el seu interior.

Aquestes generoses aportacions constitueixen per a mi, el valor més important del llibre.

Però, encara no he acabat, em falta l'element imprescindible: la vostra lectura. Si l'esteu fent, gràcies!

ÍNDEX

Están clavadas dos cruces
en el monte del olvido
por dos amores que han muerto
sin haberse comprendido.

CARMELO LARREA

AQUESTA
PRIMERA
EDICIÓ DE *Converses a destemps/Conversaciones a destiempo,*
DE MAICA DUAIGÜES, HA ESTAT IMPRESA
AMB PAPER VORI, DE 80 GRAMS. S'HA UTILITZAT
LA TIPOGRAFIA GARAMOND PRO. ES VA ACABAR
D'IMPRIMIR A REPROGRÁFICAS MALPE, A MADRID,
EL MES DE FEBRER DE L'ANY 2024.